„ICH KANN NICHTS DAFÜR!“
SAGT SOPHIE.
„IMMER LÄSST DU DEIN SPIEL
ÜBERALL RUMLIEGEN!“

DOCH ES TUT IHR LEID, DENN IHR SELBST
SIND IHRE SPIELSACHEN AUCH WICHTIG.

OSKAR, SOPHIE UND DIE SPIELZEUGEISENBAHN

VILMA COSTETTI
MONICA RINALDINI

BEDÜRFNISSE UND STRATEGIEN
BAND 7

JUNFERMANN VERLAG · PADERBORN
2008

BESCHWINGT TANZT SOPHIE
DURCH DAS WOHNZIMMER ...

PLÖTZLICH STOLPERT SIE ÜBER OSKARS NEUE SPIELZEUGEISENBAHN ...

UND DABEI GEHT SIE KAPUTT.

„SIEH NUR, WAS DU GETAN HAST!“
RUFT OSKAR WÜTEND

UND FÄNGT AN ZU WEINEN.

ALSO GEHT SIE ZU OSKAR UND SAGT:

„BIST DU TRAURIG?

MÖCHTEST DU SICHER SEIN, DASS MIT DEINEM SPIELZEUG NICHTS PASSIERT, EGAL WO DU ES LIEGEN LÄSST?“

OSKAR SAGT ERST MAL GAR NICHTS.
ER BRAUCHT NOCH EIN WENIG ZEIT.

DOCH DANN MERKT ER, DASS SOPHIE
SICH WIRKLICH SCHLECHT FÜHLT.

„ICH WEISS, DASS DU ES NICHT MIT ABSICHT GETAN HAST“, SAGT ER SANFT.

„DU MUSST JA FÜR DEINE AUFFÜHRUNG ÜBEN.“

OSKAR UND SOPHIE LÄCHELN EINANDER AN ...

BEIDE SIND SIE JETZT ZUFRIEDEN UND GLÜCKLICH.

GEMEINSAM ÜBERLEGEN SIE,

WIE SIE ZUKÜNFTIG SOLCHE UNFÄLLE
VERMEIDEN KÖNNEN.

SIE KÖNNTEN Z.B. ALLES SPIELZEUG
IN EINE ECKE RÄUMEN ...

ODER DIE SPIELECKE IN
ZWEI HÄLFTEN TEILEN.

WENN DIE BEDÜRFNISSE VON BEIDEN
BERÜCKSICHTIGT WERDEN,

IST ES VIEL EINFACHER,
EINE LÖSUNG ZU FINDEN.

MÖCHTEST DU
MIT MIR SPIELEN?

FAKTEN ...

SIEH DIR BEIDE BILDER VON OSKAR UND SOPHIE GENAU AN UND FINDE DIE FÜNF DINGE, DIE DAS OBERE BILD VOM UNTEREN UNTERSCHEIDEN.

GEFÜHLE ...

WIE FÜHLT SICH SOPHIE, NACHDEM SIE OSKARS EISENBAHN KAPUTT GEMACHT HAT? FINDE DIE LÖSUNG, INDEM DU DIE BUCHSTABEN RICHTIG ZUSAMMENFÜGST. WENN ES DIR NICHT GELINGT, LIES DIE GESCHICHTE NOCH EINMAL.

S
E
T U
I
T
H R
D I
E L

_ _ _ _ _ _ _ _ _ _ _ _

BEDÜRFNISSE ...

UNTERSTREICHE DIE BEDÜRFNISSE, DIE SOPHIE UND OSKAR IN DIESER GESCHICHTE HABEN. BEDENKE BITTE, DASS ES JEWEILS MEHR ALS EIN BEDÜRFNIS SEIN KANN!

DAS BEDÜRFNIS NACH ...

ESSEN

BEWEGUNG

ERHOLUNG

RESPEKT

SICHERHEIT

FRIEDEN

ZEIT

UNABHÄNGIGKEIT

SPIEL

ORDNUNG

AUFMERKSAMKEIT

STRATEGIEN ...

WELCHE STRATEGIEN WÄHLEN OSKAR UND SOPHIE, UM IHRE BEDÜRFNISSE ZU ERFÜLLEN?

TANZEN SIE GEMEINSAM DURCH DAS WOHNZIMMER?

SITZEN SIE ZUSAMMEN AM TISCH UND MALEN?

RÄUMEN SIE DAS ZIMMER AUF?

TEILEN SIE DEN VERFÜGBAREN RAUM?

WERFEN SIE DIE SPIELZEUGEISENBAHN WEG?

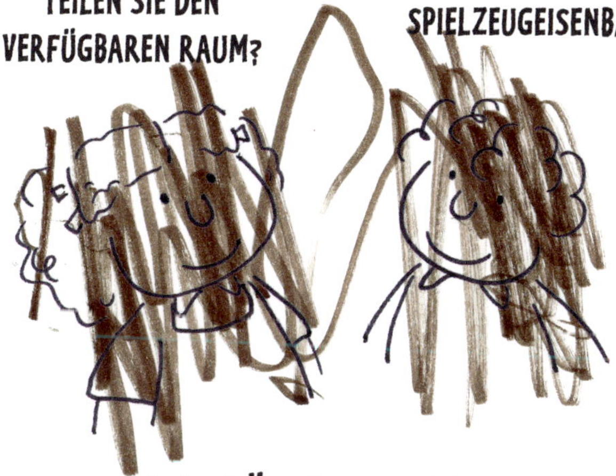

WAS HÄTTEST DU GETAN?

FÜR MÜTTER UND VÄTER

Ob wir nun Eltern oder Kinder sind: Nur wenn wir uns unserer Bedürfnisse bewusst sind, können wir sie auch erfüllen.

Doch allein das Bewusstsein reicht nicht aus. Es fällt uns leichter unsere Bedürfnisse zu erfüllen, wenn wir uns vergegenwärtigen, dass dies auf ganz unterschiedliche Art und Weise geschehen kann.

Wir alle – Eltern und Kinder, jung und alt – haben Bedürfnisse. Und niemals sind die Bedürfnisse einer Person wichtiger oder dringlicher als die einer anderen.

Ist uns einmal bewusst, wie wichtig es ist, die Bedürfnisse aller zu respektieren – die anderer Menschen genauso wie unsere eigenen –, begeben wir uns in einen „Tanz“ aus Dialog und Verständnis, in dem jede und jeder sicher sein kann, dass ihre oder seine Bedürfnisse auch vollständig gehört werden.

Sobald es eine authentische Verbindung zu einem anderen Menschen gibt, ist es auch möglich, Lösungen zu finden, die für beide Seiten zufriedenstellend sind.

Diese letzten drei Bücher aus der Reihe „Bedürfnisse und Strategien“ beleuchten Situationen, in denen Dialogmuster und gegenseitiges Verständnis aus einem „Tanz der Empathie“ hervorgehen – einem Tanz, der nur gemeinsam kreiert und getanzt werden kann.

edition junferlino

Mehr Informationen über Gewaltfreie Kommunikation finden Sie ...

in Deutschland unter:
www.gewaltfrei.de

in den USA:
Center for Nonviolent Communication, CNVC
PO Box 6384
Albuquerque, NM 87197
Tel.: 001-505-244 4041
Fax: 001-505-247 0414
eMail: cnvc@cnvc.org
www.cnvc.org

Originaltitel: Jolanda, Stefano e il Trenino

ISBN: 978-3-87387-674-3

In der Reihe

edition junferlino

sind u.a. folgende Titel erschienen:

Informationen zu den Grundlagenbüchern der *Gewaltfreien Kommunikation (GFK)* finden Sie bei

www.junfermann.de